내가 읽고, 내가 쓰는 필사 시리즈 ⑤

조경민 저

마음을 다스리는 부처님의 지혜 300가지

– 부처님 말씀 필사하기

도서출판 스토리팜

머 리 말

우리는 서로 다른 전통과 신념을 가지고 살아가지만, 시대와 문화, 종교를 초월하여 인간의 마음을 밝혀주는 성현들의 말씀은 우리 모두에게 길잡이가 됩니다. 그중에서도 부처님의 가르침은 인간 마음의 구조와 고통의 근원, 해탈과 자비의 가능성을 가장 명료하게 드러내는 위대한 거울과 같습니다. 이 필사 책은 특정 신앙을 권장하고자 함이 아니라, 삶을 살아가는 한 인간으로서 누구나 부처님 말씀을 음미하고, 자신의 마음을 되돌아보며, 스스로의 내면을 비추어 볼 수 있는 공간을 마련하고자 하였습니다. 불교 지식이 많지 않아도 괜찮습니다. “지금 내 삶과 맞닿는 한 줄이 무엇인가”만 천천히 생각해보시면 될 듯 합니다.

부처님의 말씀을 필사하는 과정은 단순히 글씨를 써내려가는 행위를 넘어, 그 지혜를 내면화하고, 삶의 현장에 적용해보려는 깊은 의도를 담고 있습니다. 필사를 하며 우리는 부처님의 가르침에 집중하고, 그 의미를 되새기는 걸 통해 마음의 평화를 찾고자 하는 진솔한 감정을 가지게 될 것입니다. 이 과정에서 느껴지는 작은 감동은, 어쩌면 우리 삶에 큰 변화의 시작점이 될 수 있습니다. 부처님의 가르침이 주는 감동은 필사 후에도 지속되어, 매일의 삶 속에서 더욱 깊은 통찰로 이어질 것입니다.

이 책에는 300가지 부처님의 말씀을 모았습니다. 각 구절은 여러 문헌에 걸쳐 전해지는 해석과 번역의 차이를 고려하여 선별되었습니다. 비슷한 의미가 여러 경전에서 나타납니다. 부처님의 교화 자리에 청중과 상황에 따라 표현과 어조, 길이가 조금씩 바뀐 것입니다. 완전히 같은 문장은 되풀이하지 않았지만, 의미는 같되 표현의 결이 다른 구절들을 의도적으로 함께 담았습니다. 여러 번 필사하며 그 의미를 깊이 되새기실 때, 단순한 암기를 넘어 마음속에 지혜가 스며드는 내면화의 경험을 하실 수 있으리라 믿습니다.

이 책은 '필사'라는 주제 처럼, 깊이 있고 전문적인 학술서가 아닌, 필사하는 여러분이 일상 속에서 '삶의 지혜'로 활용할 수 있도록 하는 데 중점을 두었습니다. 그래서 표현도 현대적 감각과 읽는이의 맥락을 고려하여 정리되었습니다.

본문은 모두 4부로 나누어 구성되었습니다. 제1부는 마음의 평화와 자기 성찰, 제2부는 관계와 소통의 지혜, 제3부는 삶의 고통과 극복, 제4부는 목표와 성장의 길로 이어집니다. 이는 수행의 자연스러운 흐름인 내면 관찰, 관계 확장, 고통 인식, 방향 정립의 과정을 표현한 것입니다. 다만 이러한 구분은 큰 틀의 주제이지 내용까지 각각의 주제로 볼 필요까지는 없습니다.

이 책의 300문이 단순한 "좋은 말 모음"으로 소비되지 않고, 독자 한 분 한 분의 호흡과 시선, 일상의 선택 속에 스며들어 작은 행동의 변화로 이어지길 바랍니다. 하루 한 쪽이라도 차분히 써 내려가다 보면, 성급한 반응 사이에 짧은 틈이 생기고, 그 틈이 마음을 다르게 이끄는 것을 체감할 수 있을 것입니다. 완벽함이나 '빨리 바뀌어야 한다'는 부담을 내려놓고 "오늘 만난 한 줄을 생활 속에서 한 번 실천해 본다."면 충분합니다. 그러면 '문장'이었던 것이 차츰 '습관'이 되고, 습관이 다시 주변을 덜 어둡게 비추는 작은 등불이 될 것입니다.

부처님의 말씀을 필사하는 것은 단순히 글자를 옮겨 적는 행위를 넘어, 그분의 지혜와 조용히 대화하며 내 마음속에 가르침을 새겨 넣는 수행의 시간입니다. 부디 이 필사의 시간이 여러분의 마음속에 맑고 고요한 평온을 가져다주고, 그 평온이 따뜻한 행동으로 이어지는 소중한 여정이 되기를 바랍니다.

이제 첫 페이지를 펼치십시오. 당신의 조용한 한 획이 스스로를 밝히고, 그것이 곁 사람들에게도 자연스러운 온기로 전해지기를 기원합니다.

엮은이 조경민

느리게 읽는 즐거움, 필사의 이유

손끝으로 만나는 마음의 정화

필사는 바쁜 일상 속에서 잠시 멈춰 서서 내면을 정돈하는 명상과 같습니다. 빠르게 흘러가는 디지털 세상 속에서 우리는 무수히 많은 정보에 노출되고, 그로 인해 마음이 산만해지기 쉽습니다. 필사하는 시간은 이러한 외부의 소음으로부터 벗어나, 오직 글과 나 자신에게 집중하는 시간입니다.

1. **생각의 속도 늦추기** : 손으로 글씨를 쓰는 행위는 우리의 생각 속도를 늦춰줍니다. 눈으로 빠르게 읽고 넘기던 글들을 한 글자씩 옮겨 적다 보면, 미처 생각하지 못했던 문장의 의미를 새롭게 발견하게 됩니다. 이는 자연스럽게 마음을 차분하게 가라앉히고, 혼란스러운 감정을 정리하는 데 도움을 줍니다.

2. **부정적인 감정 해소** : 필사는 부정적인 감정을 해소하는 효과적인 방법입니다. 감정이 격해질 때, 그 감정을 글로 옮겨 적거나 좋은 글귀를 필사하는 것은 마음속의 응어리를 밖으로 끄집어내는 행위와 같습니다. 이 과정을 통해 마음의 평화를 되찾고, 스스로를 치유하는 시간을 가질 수 있습니다.

3. **일상 속 작은 위안 찾기** : 시집이나 명언 필사는 일상 속에서 작은 위안을 찾는 좋은 방법입니다. 삶의 무게에 지쳐 힘든 순간, 위로와 용기를 주는 문장을 직접 손으로 쓰다 보면, 글이 가진 긍정적인 에너지가 우리에게 그대로 전달되는 것을 느낄 수 있습니다.

내 삶을 변화시키는 문장의 힘

필사는 단순히 글을 베껴 쓰는 것을 넘어, 위대한 글이 가진 지혜를 내 삶에 적용하는 과정입니다. 시대를 초월한 고전이나 명언들은 수많은 사람의 삶을 변화시킨 살아있는 가르침입니다. 이 문장들을 직접 손으로 쓰고 내 것으로 만드는 것은 스스로를 성장시키는 가장 확실한 방법입니다.

1. **깊은 사고력과 통찰력 기르기 :** 위대한 고전이나 철학적 글들을 필사하다 보면, 자연스럽게 글의 논리적 흐름과 깊은 사유의 과정을 따라가게 됩니다. 이는 복잡한 문제를 다각도로 바라보는 사고력을 길러주고, 삶의 본질을 꿰뚫는 통찰력을 키우는 데 큰 도움이 됩니다.

2. **삶의 가치관 재정립 :** 필사는 내 삶의 방향을 점검하는 기회가 됩니다. 특히 고전의 문장들은 우리가 어떤 가치를 중요하게 여기고 살아갈 것인지에 대한 근본적인 질문을 던져줍니다. 필사를 통해 이 질문에 대한 나만의 답을 찾아가면서 삶의 가치관을 명확하게 세울 수 있습니다.

3. **새로운 깨달음과 동기 부여 :** 필사는 반복적인 일상에 지쳐 있을 때, 새로운 깨달음과 강력한 동기 부여를 얻는 통로입니다. 과거의 지혜를 담은 문장들은 오늘날의 우리에게도 여전히 유효한 해답을 제시합니다. 이 깨달음은 멈춰 있던 삶에 새로운 활력을 불어넣고, 앞으로 나아갈 힘을 줍니다.

시대를 넘어선 위대한 만남

필사를 통해 우리는 시대를 초월한 위대한 작가, 성현들과 특별한 교감을 나눌 수 있습니다. 책을 읽는 행위가 일방적인 소통이라면, 필사는 그들의 목소리를 직접 내 손으로 기록하며 공감하는 쌍방향적인 소통에 가깝습니다.

1. **작가와 감정적 교류 :** 시집을 필사할 때, 시인의 감정선을 따라 한 글자씩 옮겨 적다 보면 그가 느꼈던 고뇌, 희망, 기쁨을 간접적으로나마 생생하게 경험하게 됩니다. 이러한 감정적 교류는 우리가 느끼는 외로움이 '나만의 것'이 아니라는 것을 깨닫게 해주며 깊은 위로를 전할 것입니다.

2. **지혜의 전승과 계승 :** 고전이나 명언을 필사하는 것은 단순한 베껴 쓰기를 넘어, 선조들이 남긴 지혜를 다음 세대로 이어가는 소중한 행위입니다. 이 과정에서 우리는 그들의 가르침을 암기하는 것이 아니라, 살아있는 지식으로 흡수하여 내 삶의 일부로 만듭니다.

3. **자신만의 작품 만들기 :** 필사 책의 완성은 그 자체로 뿌듯한 성취감을 안겨줍니다. 책 한 권을 빼곡히 채워나가는 과정은 인내심과 꾸준함을 기르는 훌륭한 훈련이 됩니다. 필사를 마친 책은 단순한 종이 뭉치가 아니라, 여러분의 시간과 노력이 담긴 세상에 하나뿐인 작품이 될 것입니다.

목 차

1. 마음의 평화와 자기 성찰

진정한 마음의 평화는 외부의 혼란에 흔들리지 않는 내면의 고요함에서 시작됩니다. 부처님은 탐욕, 성냄, 어리석음이 마음을 병들게 하는 세 가지 독이므로, 끊임없는 자기 성찰을 통해 마음을 깨끗이 해야 한다고 가르칩니다.

괴로운 생각이 들 때도 그 생각에 매이지 않고, 그저 담담하게 바라보는 연습을 통해 마음의 주인이 되어야 합니다. 고통의 근원이 외부에 있지 않고 마음의 해석에 있음을 깨달을 때, 우리는 흔들리지 않는 굳건함을 얻습니다.

어제의 나를 반성하고 오늘의 나를 향상시키는 노력이 바로 진정한 깨달음과 발전의 시작입니다.

001.

진정한 마음의 평화는, 외부의 시끄러운 소란이나 혼란스러운 상황에 흔들리지 않는 내면의 고요함에서 시작됩니다.

(법구경)

002.

마음속에 품은 존경과 사랑은 상대방의 마음을 움직일 뿐만 아니라, 우리의 삶을 더 풍요롭고 아름답게 만들어주는 위대한 힘이 됩니다. 그러므로 우리는 항상 존경과 사랑을 실천하며 살아가야 합니다.

(법구경)

003.

고통은 우리에게더 지혜롭고 현명하게 살아갈 수 있는 방법을 가르쳐줍니다.

(별역잡아함경)

004.

탐욕, 성냄, 어리석음은 마음을 병들게 하는 세 가지 독과 같으니, 이것들을 항상 경계하고 마음을 깨끗이 해야 합니다.

(숫타니파타)

005.

단 하루라도 의미 없이 낭비하는 것은, 자신의 소중한 인생 전체를 의미 없이 낭비하는 것과 같으니, 매 순간을 소중히 여기며 최선을 다해야 합니다.

(법구경)

006.

부모님께 효도하고, 배우자를 존중하며, 자녀들을 진심으로 사랑하는 것이 가장 큰 복을 받는 길입니다.

(잡아함경)

007.

우리가 겪는 모든 고통은 마음속에 끝없이 쌓인 번뇌에서 비롯된 것이므로, 그 번뇌를 내려놓는 것이 고통에서 벗어나는 첫걸음입니다.

(법구경)

008.

진정한 성장과 변화는 스스로 내면의 힘을 발견하고 활용하는 과정에서 발생한다는 것을 항상 명심해야 합니다.

(본생경)

009.

집착은 어떤 대상이나 상황, 혹은 사람에게 지나치게 얽매이는 마음에서 비롯되며, 결국 불안을 낳고 평온함을 앗아갑니다.

(본생경)

010.

욕망을 하나씩 내려놓는 순간, 마음은 한없이 가벼워지고, 그동안 느껴보지 못했던 자유와 평온함을 얻게 됩니다.

(비나야율)

011.

이 세상의 모든 것은 끊임없이 변화하기 때문에, 영원히 계속되는 고통도, 영원히 계속되는 행복도 존재하지 않습니다.

(잡아함경)

012.

다른 사람을 억지로 바꾸려 하지 말고, 있는 그대로의 모습을 받아들이는 것이 진정한 평화의 시작입니다.

(비나야율)

산에서 우는 작은 새여
꽃이 좋아
산에서
사노라네

산에는 꽃 지네
꽃이 지네
갈 봄 여름 없이
꽃이 지네

-「한국의 명시」 김소월의 「산유화」 中에서

013.

모든 성장과 발전은 다른 사람의 도움에 기대는 것이 아니라, 오직 스스로의 꾸준한 노력에 달려 있습니다.

(이티붓타카)

014.

다른 사람의 잘못을 지적하기 전에, 먼저 자신의 마음속에 쌓인 이기심과 편견의 먼지를 닦아내는 것이 진정한 수양입니다.

(이티붓타카)

015.

거짓말은 모래로 성을 쌓는 것과 같아서, 언젠가는 반드시 무너지게 되어있습니다.

(본생경)

016.

우리의 마음을 괴롭히는 근본적인 원인은 만족을 모르는 끝없는 욕망에 있으므로, 그 욕망을 완전히 버리는 순간 괴로움도 사라집니다.

(숫타니파타)

017.

자신이 세운 목표를 향해 그 어떤 방해에도 흔들리지 않고 꾸준히 노력하는 사람만이 언젠가 반드시 그 목표의 값진 결실을 맺게 됩니다.

(잡아함경)

018.

마음속에 드리워진 어둠을 환하게 밝히는 것은 오직 지혜와 모든 존재를 사랑하는 자비의 빛뿐입니다.

(본생경)

019.

진정한 친구는 내가 어렵고 힘든 순간에 나를 떠나지 않고, 함께하며 서로를 진심으로 격려해주는 사람입니다.

(숫타니파타)

020.

고통을 극복하고 이겨내는 것은 다른 누구도 아닌, 오직 우리 자신의 몫입니다.

(증일아함경)

021.

작은 노력들이 매일 꾸준히 쌓여서 비로소 큰 성취를 이루게 됩니다. 이러한 과정은 인내와 꾸준함의 중요성을 일깨워 주며, 작은 발걸음이 모여 큰 변화를 만듭니다.

(별역잡아함경)

022.

자신에게 주어진 모든 기회를 소중히 여기고, 그 기회를 살리기 위해 최선을 다해야 합니다.

(숫타니파타)

023.

마음이 단단하고 흔들림 없이 평온을 유지하면, 장애물은 단순히 극복해야 할 과정으로 보일 뿐 더 이상 두려움이나 괴로움으로 우리를 압도하지 못합니다. 장애물은 우리의 의지와 결단력을 더욱 단련시키는 도구가 될 뿐이며, 스스로 내면의 힘과 평정심을 갖춘 사람에게 그것은 성장을 위한 발판에 불과합니다.

(비나야율)

024.

세상의 모든 존재는 존중받을 가치가 있으니, 그 어떤 존재도 함부로 대하지 말아야 합니다.

(숫타니파타)

025.

고통을 두려워하거나 외면하기보다 그것을 삶의 일부로 받아들이고, 그 안에서 숨겨진 의미와 배움을 찾으려는 노력이 필요합니다. 결국 고통은 우리를 더 지혜롭고 밝은 존재로 이끄는 은혜로운 길잡이와 같습니다.

(비나야율)

026.

게으름은 우리가 겪는 모든 실패의 근본적인 원인이 되는 어머니와 같고, 꾸준하고 부지런함은 모든 성공을 만들어내는 위대한 아버지와 같습니다.

(숫타니파타)

027.

마음이 고요하고 평화로울 때, 세상은 있는 그대로의 모습을 드러내며, 우리는 그 속에서 깊은 지혜를 얻을 수 있습니다.

(증일아함경)

028.

집착 없는 상태에서 마음은 고요함을 유지하며, 이는 외부의 변화에 흔들리지 않고 진정으로 자유로운 삶을 영위하는 바탕이 됩니다. 집착을 버림으로써 우리는 자신을 가로막던 모든 속박을 끊고, 삶을 더욱 풍요롭고 평온하게 경험할 수 있습니다.

(이티붓타카)

029.

고통은 우리에게 더 넓고 큰 세상을 보도록 시야를 넓혀줍니다.

(이티붓타카)

030.

모든 관계의 평화는 내가 먼저 평화롭고 행복해질 때 시작됩니다.

(본생경)

031.

우리가 느끼는 마음의 고통은 실제로 외부 세계에 고정된 실체로 존재하는 것이 아닙니다. 이러한 고통은 우리의 마음이 어떤 상황이나 대상에 대해 스스로 만들어낸 일시적인 환상으로부터 생겨나는 것입니다.

(별역잡아함경)

032.

모든 성장은 끊임없이 배우고 발전하는 배움의 연속입니다.

(잡아함경)

033.

진정한 관계는 서로를 속박하거나 구속하지 않고, 서로에게 자유로움을 주는 것입니다.

(법구경)

034.

고통을 외면하고 회피하려는 마음이 오히려 더 큰 고통을 불러옵니다.

(법구경)

035.

자신을 돌아본다는 것은 자신의 행동과 마음의 상태를 깊이 성찰하는 과정이며, 이를 통해 우리는 스스로도 완벽하지 않다는 사실을 깨닫게 됩니다. 자신도 실수를 하고 부족함이 있다는 것을 인정할 때, 타인의 잘못을 용서할 수 있는 넓은 마음이 자연스럽게 생겨납니다.

(별역잡아함경)

036.

고통을 극복하는 가장 좋은 방법은 오직 자비로운 마음으로 모든 것을 포용하는 것입니다.

(비나야율)

037.

자신이 세운 목표를 위해 끊임없이 노력하며 한 걸음씩 나아가는 그 과정 자체가 삶에서 가장 의미 있는 행복을 선사합니다. 목표를 이루는 순간의 성취감도 중요하지만, 그 과정에서 우리가 배우고 성장하는 경험은 무엇과도 바꿀 수 없는 소중한 가치입니다.

(증일아함경)

038.

자신의 목표를 위해 노력하는 것이 진정한 깨달음을 얻는 길입니다.

(비나야율)

039.

우리 마음속에 깊이 박힌 슬픔과 번뇌는 마음의 어두운 그림자와 같아서, 삶의 진실을 깨닫는 지혜의 밝은 빛으로만 없앨 수 있습니다.

(사분율)

040.

끝없는 욕망은, 우리를 한없이 돌고 도는 욕심의 쳇바퀴에 빠뜨리는 위험한 함정과 같습니다.

(숫타니파타)

041.

세상의 모든 존재는 저마다의 고유한 의미와 가치를 지니고 있으며, 우리와 더불어 살아가는 소중한 일원입니다. 그러므로 모든 존재를 존중하고 배려하는 마음을 잃지 말아야 하며, 결코 그 어떤 존재도 함부로 대하거나 경시해서는 안 됩니다.

(우다나)

042.

고통은 우리에게 진정한 행복의 길을 보여주는 소중한 이정표와도 같습니다.

(본생경)

043.

어제의 나보다 더 나은 오늘의 나를 만드는 데 집중할 때 비로소 우리는 진정한 의미의 발전과 깨달음을 얻을 수 있습니다.

(본생경)

044.

자신을 진정으로 이해하고 사랑하는 사람은, 남들의 시선이나 헛된 평가에 쉽게 휘둘리지 않고 굳건하게 자신의 길을 갑니다.

(별역잡아함경)

045.

자신을 낮추고 겸손한 자세로 다른 사람의 말을 경청하는 것이 바로 지혜로운 사람이 갖추어야 할 덕목입니다.

(비나야율)

046.

좋은 관계를 유지하는 것은 마치 정원을 아름답게 가꾸는 것과 같습니다.

(우다나)

047.

고통은 단순히 우리를 괴롭게 하는 존재가 아니라, 그것을 통해 더 나은 길을 찾고 성장할 수 있는 귀중한 가르침을 제공합니다. 삶에서 마주하는 고통의 순간들은 우리가 스스로를 돌아보게 하고, 자신의 마음과 행동을 반성하며 더 지혜롭고 현명하게 살아갈 수 있는 방법을 깨닫게 해줍니다.

(별역잡아함경)

048.

자신의 마음을 다스리면, 이 세상의 그 어떤 것도 두려워할 필요가 없습니다.

(본생경)

049.

고통은 우리에게 이 삶에서 진정으로 가치 있고 소중한 것이 무엇인지 깊이 깨닫게 해주는 위대한 스승의 역할을 합니다.

(본생경)

050.

용서는 단지 상대방을 이해하는 것에 그쳐서는 안 됩니다. 이는 우리 마음의 평화를 찾고, 그리고 더 큰 사랑을 실천하는 계기가 되어야 합니다. 용서의 마음은 상처를 치유하고 인간 관계를 회복시키며, 결국에는 나 자신도 더 깊은 내면의 성숙을 이룰 수 있게 합니다.

(이티붓타카)

051.

진정한 수행자는 자신의 마음속에서 번뇌와 싸워, 이를 완전히 소멸하는 일에만 온전히 집중합니다.

(증일아함경)

052.

다른 사람을 칭찬하는 것은 결국 나 자신을 칭찬하는 것과 같고, 다른 사람을 비난하는 것은 나 자신을 비난하는 것과 같습니다.

(본생경)

053.

우리 마음의 어두운 욕망과 감정을 없애는 것은 단순히 자신에게 평안을 주는 것만이 아니라, 세상을 바라보는 시각을 순수하고 맑게 만들어 줍니다. 그러면 외부의 소란스러움도 더 이상 나를 흔들지 못하며, 참된 고요와 평화가 마음을 다스립니다.

(사분율)

054.

관계에서 오는 수많은 갈등은 대부분 상대방의 입장을 이해하지 못하는 것에서 비롯됩니다.

(법구경)

055.

우리가 겪는 모든 고통의 근본적인 원인을 정확하게 이해하게 되면, 고통의 굴레에서 벗어날 수 있는 확실한 방법을 알게 됩니다.

(법구경)

056.

집착을 버리고 자비를 실천할 때, 우리는 세상과 진정으로 하나가 될 수 있으며, 개인적인 행복을 넘어서 모든 생명체와의 조화로운 삶을 이루게 됩니다.

(이티붓타카)

057.

고통은 영원히 머무는 것이 아니라, 잠시 우리 삶에 들렀다 가는 손님과 같습니다.

(이티붓타카)

058.

괴로운 생각이 불현듯 일어날 때는 그 생각을 좇아다니지 말고, 그저 조용하고 객관적으로 바라보는 연습을 하십시오.

(증일아함경)

059.

진정한 용기는 단순히 실패를 두려워하지 않는 태도를 넘어, 실패를 성장의 기회로 받아들이고 스스로를 더욱 단단하게 다질 수 있는 마음가짐에서 비롯됩니다. 실패를 두려워하지 않을 때 우리는 인생의 참된 도전을 마주할 수 있습니다.

(본생경)

060.

다른 사람의 행복을 진심으로 축복해주는 따뜻한 마음이 결국 나 자신의 행복으로 이어지게 됩니다.

(잡아함경)

061.

자신에게 의심을 품지 말고 굳건히 믿고 나아가십시오. 의심은 목표를 향해 가는 길에서 만나는 가장 큰 장애물이므로 과감하게 떨쳐내야 합니다.

(별역잡아함경)

062.

고통은 단순히 괴롭고 불쾌한 경험을 넘어, 우리의 영혼을 단련시키고 더 높은 경지를 향해 나아가도록 하는 중요한 지침이 됩니다. 모든 것이 끝내 사라진다는 사실을 받아들일 때, 우리는 진정한 평온과 깨달음을 얻고, 이 삶을 지혜롭게 살아갈 수 있는 길을 찾을 수 있습니다.

(법구경)

063.

마음속 깊이 쌓인 과거의 원한과 미움을 깨끗이 내려놓을 때, 우리는 비로소 어떤 것에도 얽매이지 않는 진정한 자유를 얻습니다.

(본생경)

064.

세상의 모든 존재는 서로에게 은혜를 입고 살아가고 있음을 잊지 말아야 합니다.

(잡아함경)

065.

고통은 우리 삶에서 피하고 싶지만 누구나 겪게 되는 자연스러운 과정입니다. 고통을 단순히 불행한 경험으로만 여기지 말고, 이를 더 깊은 깨달음과 사랑의 의미를 배우는 기회로 삼아야 합니다.

(숫타니파타)

066.

우리가 쏟는 모든 노력은 결국 다른 누구도 아닌, 자기 자신에게 돌아옵니다.

(이티붓타카)

067.

마음이 흔들리지 않고 굳건한 사람은 어떤 일이 닥쳐도 불안해하거나 두려움을 느끼지 않습니다.

(우다나)

068.

고통은 우리의 삶에서 피하고 싶은 존재로 느껴질 수 있지만, 사실 그것은 우리가 더욱 강한 사람이 될 수 있도록 돕는 값진 시련과 같은 역할을 합니다. 고통을 겪는 순간, 우리는 나약함을 극복하고 내면의 힘과 지혜를 키울 기회를 마주하게 됩니다. 이 과정에서 우리는 더 큰 인내와 끈기를 배우며, 삶의 진정한 의미를 깨닫고 성장하게 됩니다.

(증일아함경)

069.

다른 사람을 헐뜯거나 깎아내리는 말은 칼보다 더 날카로워서, 상대방의 마음에 깊은 상처를 남깁니다.

(숫타니파타)

070.

티끌 하나 없이 깨끗하고 맑은 마음은 그 어떤 것보다 소중하며, 우리를 모든 나쁜 것으로부터 지켜주는 가장 강력한 방어막이 됩니다.

(법구경)

071.

내면을 탐구하고 수행하며 얻어진 깨달음은 외부의 변화에 휘둘리지 않으며, 진정한 고통 극복의 원동력이 됩니다. 이는 부처님께서 가르치신 진리로, 우리 스스로 마음의 힘을 발견하고 확장할 때 고통은 더 이상 우리의 삶을 지배할 수 없게 됩니다.

(본생경)

072.

다른 사람에게 겸손하게 대하는 것은, 자신의 마음을 낮추고 스스로를 성장시키는 행동입니다.

(사분율)

073.

고통은 다른 사람이 나에게 준 것이 아니라, 내가 스스로 만들어낸 것이므로, 나 자신의 노력으로 충분히 없앨 수 있습니다.

(숫타니파타)

074.

새로운 것을 배우려는 노력을 멈추는 순간, 우리의 성장 또한 완전히 멈추게 되니, 살아있는 동안 끊임없이 배우고 새로운 지식을 익혀야 합니다.

(증일아함경)

075.

고요하고 평화로운 마음은 어떤 역경과 고난 속에서도 쉽게 흔들리지 않는 굳건함을 우리에게 선물해 줍니다.

(숫타니파타)

2. 관계와 소통의 지혜

모든 관계는 나의 마음을 비추는 거울입니다. 부처님께서는 관계의 평화가 겸손과 경청, 그리고 진실된 마음에서 비롯된다고 강조하십니다. 상대방의 단점보다는 장점을 찾고, 미워하는 마음을 자비로운 마음으로 다스려야 합니다.

진정한 관계는 서로를 구속하지 않고 자유를 주는 것이며, 내가 먼저 평화롭고 행복해질 때 관계 또한 자연스럽게 개선될 것입니다.

076.

고통 속에서 피어나는 희망의 꽃은 이 세상에서 가장 아름다운 꽃입니다.

(비나야율)

077.

모든 관계는 내가 가진 마음의 상태를 그대로 비추어 보여주는 거울과도 같습니다. 내가 가지고 있는 감정과 태도가 관계를 형성하고, 그 관계의 모습은 나의 내면을 드러내게 됩니다. 그러므로 불화나 어려운 관계를 마주했을 때, 외부 탓을 하기보다는 먼저 자신의 마음과 행동을 돌아보고 변화를 시작해야 합니다.

(별역잡아함경)

078.

위대한 목표는 단 한순간의 번뜩이는 재능으로 이루어지지 않으며, 수많은 땀과 인내의 시간이 쌓여 완성됩니다.

(법구경)

079.

내 마음을 다스리는 것이 진정한 변화의 시작입니다. 마음을 긍정적으로 바꾸면 부정적인 상황도 긍정적으로 해석할 수 있고, 더 나아가 좋은 결과로 이끌어낼 힘을 얻게 됩니다.

(비나야율)

080.

다른 사람의 어려움을 외면하지 말고, 비록 작더라도 진심이 담긴 도움을 건네는 마음을 가져야 합니다.

(증일아함경)

081.

마음이 고요하고 평화로워지면, 우리를 힘들게 했던 거친 고통의 파도도 마치 잔잔하고 평온한 물결처럼 느껴지기 시작합니다.

(우다나)

082.

성공을 꿈꾸는 사람이라면, 노력의 가치를 깨닫고 이를 끝까지 지속하려는 마음을 가져야 합니다. 이처럼 진심으로 꾸준히 노력할 때, 우리는 우리의 꿈과 목표를 이루고 그 과정에서 깊은 만족과 축복을 경험할 수 있습니다.

(증일아함경)

083.

다른 사람이나 세상을 바꾸려고 애쓰는 것보다 스스로의 마음을 다스리는 일이 훨씬 더 위대하고 가치 있는 일입니다.

(잡아함경)

084.

서로에게 감사하는 마음을 솔직하게 표현하면, 관계는 더욱 튼튼하고 견고해져 오래 지속됩니다.

(사분율)

085.

고통 속에서도 절대 희망을 잃지 않는 마음이야말로 가장 중요한 힘입니다.

(본생경)

086.

자신의 마음을 다스리는 것은 단순히 감정을 억누르거나 통제하는 것을 넘어, 마음의 본질을 깊이 이해하고 올바르게 사용하는 것을 의미합니다. 우리가 겪는 고통의 근원은 외부에 있는 것이 아니라, 마음이 상황을 받아들이고 해석하며 반응하는 방식에 있습니다.

(이티붓타카)

087.

자신의 목표를 위해 노력하는 과정 자체가 진정한 행복을 가져다줍니다.

(숫타니파타)

088.

마음속에 드리워진 어둠을 환하게 밝혀주는 등불은, 바로 지혜라는 불꽃과 자비라는 기름으로 타오르는 빛입니다.

(이티붓타카)

089.

고통은 마치 흐르는 강물과 같아서 머무르지 않고 언젠가 사라지며, 그 자리에 새로운 기쁨과 평안이 찾아옵니다. 고통에 사로잡혀 그것이 영원할 것이라는 착각에 빠지기보다, 고통 너머에 숨어 있는 의미와 깨달음을 찾으려는 마음가짐이 중요합니다.

(증일아함경)

090.

다른 사람을 미워하는 감정은 결국 우리 자신에게도 상처를 주는 요소입니다. 미움이 깊어질수록 우리의 마음은 더욱 어둡고 고립되며, 이는 긍정적인 변화나 행복을 가져오지 않습니다. 오히려 상대방에게 따뜻한 사랑과 이해가 있을 때, 우리는 진정한 치유와 자유를 경험할 수 있습니다.

(법구경)

091.

어떤 어려움과 시련 속에서도 포기하지 않고 굳건하게 앞으로 나아가는 마음이야말로, 우리가 가진 가장 큰 보물입니다.

(사분율)

092.

마음의 평화는 세상의 어지러움에도 불구하고 흔들리지 않는 내면의 고요함에서 시작됩니다. 주변의 상황이나 환경에 휘둘리지 않는 내적 안정과 강한 마음의 힘을 강조하는 가르침입니다. 외부의 세상이 아무리 혼란스럽고 시끄럽더라도, 진정으로 평온한 마음을 가진 사람은 그 혼란에 좌우되지 않습니다.

(별역잡아함경)

093.

다른 사람을 이기려고만 하지 말고, 함께 협력하고 성장하는 방법을 찾는 것이 현명한 자세입니다.

(법구경)

094.

흔들리지 않는 굳건한 마음으로 한 길만을 걸어가야만 불필요한 번뇌를 피하고, 에너지를 온전히 목표 달성에 쏟을 수 있습니다.

(법구경)

095.

집착을 버린다는 것은 단순히 물질적 소유나 욕망을 포기하는 행동에 그치지 않습니다. 이는 마음의 깊은 곳에서 비롯된 집착과 연관된 집념, 고정관념, 그리고 그것을 향한 지나친 의존을 내려놓는 것을 의미합니다.

(사분율)

096.

마음이 깨끗하고 맑으면, 세상도 한층 더 아름답게 비춰집니다. 이렇듯 마음의 상태가 세상을 바라보는 시각을 결정짓습니다.

(본생경)

097.

다른 사람을 돕는 의로운 행동은 결국 나 자신을 돕는 일이므로, 항상 이웃을 향한 자비의 마음을 가져야 합니다.

(이티붓타카)

098.

실패와 좌절을 겪으면서도 포기하지 않고 나아갈 때 느끼는 작은 성취는 우리에게 지속적인 동기와 기쁨을 제공합니다. 목표를 향해 나아가는 그 길 자체가 삶의 보람과 행복이 되는 것이며, 이는 우리의 마음을 흔들리지 않게 하고 내적인 평온과 충만함을 가져다줍니다.

(증일아함경)

099.

고통은 우리에게 인내심과 용기를 가르쳐주는 위대한 교사입니다.

(숫타니파타)

100.

자신의 마음을 완벽하게 다스릴 줄 아는 사람이 바로, 세상의 변화에 휩쓸리지 않고 자신의 삶을 이끌어가는 진정한 주인이 됩니다.

(비나야율)

101.

다른 사람에게 함부로 대하면, 그에 상응하는 좋지 않은 결과가 언젠가 자신에게 돌아오게 됩니다.

(증일아함경)

102.

삶에서 겪는 고난의 경험은 우리를 더 단단하고 성숙하게 만드는 소중한 자양분이 되므로, 그 고통을 감사하는 마음으로 받아들여야 합니다.

(이티붓타카)

103.

스스로에게 솔직해지고, 자신의 내면의 소리가 이끄는 대로 따라가는 것이 올바른 길입니다.

(증일아함경)

104.

다른 사람의 행복을 진심으로 축복해주는 온정은 우리의 마음속에 자비와 사랑의 씨앗을 심어줍니다. 이러한 축복이 퍼져나가면 우리는 더욱 평화롭고 고요한 마음을 가지게 되어, 결국 그 애정이 우리 자신의 행복으로 되돌아오게 됩니다.

(법구경)

105.

마음을 깨끗이 비워 모든 욕심과 집착을 내려놓는 것이야말로 진정으로 세상의 모든 것을 얻는 유일한 방법입니다.

(법구경)

109.

다른 사람의 잘못을 보고 비난하기보다, 그의 입장에서 이해하려 노력하는 것이 훨씬 더 지혜로운 행동입니다.

(법구경)

110.

다른 사람을 미워하는 마음은 독이 든 음식을 먹는 것과 같아서, 결국 자신에게 해로움을 가져옵니다.

(이티붓타카)

111.

자기 자신을 잘 알고, 자신의 마음과 행동을 다스리는 사람이 외부의 어떤 것에도 구속되지 않는 진정한 자유를 얻습니다.

(이티붓타카)

112.

자신의 꿈을 위해 노력하는 것은 이 세상에서 가장 아름다운 일입니다.

(법구경)

113.

다른 사람을 존경하면 자신도 자연스럽게 존경받게 되고, 다른 사람을 사랑하면 자신도 사랑받게 됩니다.

(숫타니파타)

114.

열정은 단순히 순간적인 감정이 아니라, 끈기와 인내로 뒷받침될 때 비로소 우리를 꿈으로 이끄는 강력한 에너지로 변합니다. 목표를 향해 나아가는 길에는 수많은 역경과 방해가 있을지라도, 불굴의 열정과 흔들리지 않는 의지가 함께한다면 우리는 그 어떤 어려움이라도 이겨낼 수 있습니다.

(사분율)

115.

고통은 우리에게 삶의 진정한 의미와 가치를 깨닫게 해 주는 중요한 계기가 됩니다.

(잡아함경)

116.

증오와 미움을 이길 수 있는 가장 강력한 무기는, 어떤 것도 미워하지 않는 자비롭고 사랑하는 마음뿐입니다.

(잡아함경)

117.

서로의 다름을 인정하고 존중해주는 것이야말로, 평화롭고 조화로운 관계의 핵심입니다.

(별역잡아함경)

118.

고통은 우리를 더 자비롭고 너그러운 사람으로 성장하게 만듭니다.

(법구경)

119.

실패를 통해 얻은 경험과 지혜로 무장하고, 새롭게 시작할 수 있는 용기를 내는 것은 인생에서 매우 중요한 태도입니다. 과거의 실수를 두려워하지 않고, 이를 향상과 발전의 기회로 받아들이는 사람만이 더 큰 성공과 행복에 다가갈 수 있습니다.

(법구경)

120.

마음속에 있는 온갖 번뇌와 걱정의 끈을 하나씩 끊어내는 것이 바로 진정한 해탈의 문을 열고 자유를 찾는 길입니다.

(별역잡아함경)

121.

매일 아주 조금씩이라도 착한 일을 행하고, 그 속에서 작은 깨달음을 얻어 지혜를 쌓아가는 것이 진정한 의미의 수행입니다.

(본생경)

122.

깨달음은 단순히 지식이나 경험으로 그치지 않으며, 자신과 세상의 본질을 깊이 이해하고 마음의 근본적인 고요와 자유를 얻는 경지입니다. 이런 깨달음은 우리의 삶에서 외부의 어려움과 불안, 그리고 고통에 흔들리지 않는 내적 강인함의 근원이 됩니다.

(증일아함경)

123.

진정한 리더는 다른 사람을 지배하는 것이 아니라, 오히려 먼저 봉사하고 섬기는 자세를 가집니다.

(증일아함경)

124.

다른 사람에게 베푸는 친절한 마음은 마치 마르지 않는 샘물과 같아서, 아무리 베풀어도 끊임없이 솟아납니다.

(사분율)

125.

이미 지나간 과거의 후회에 얽매이거나, 아직 오지 않은 미래의 불안한 걱정에 마음을 빼앗기지 말고, 오직 현재에 집중해야 합니다.

(숫타니파타)

126.

자신의 목표를 향한 굳건한 믿음이 바로 가장 큰 힘이 됩니다.

(비나야율)

127.

가족과의 관계는 모든 행복의 근원이 되므로, 항상 감사하는 마음을 잃지 말아야 합니다.

(비나야율)

128.

고통은 단지 괴로움으로 끝나는 것이 아니라, 우리를 변화시키고 더 성숙한 존재로 나아가도록 하는 계기입니다. 그로 인해 우리는 용기와 인내를 배우며, 삶의 본질을 더욱 깊이 이해할 수 있습니다. 결국 고통은 우리를 더 단단하고 현명한 사람으로 성장시키는 은혜로운 시련인 셈입니다.

(증일아함경)

129.

목표를 향한 불타는 열정은 어떤 고난도 이겨낼 수 있는 강력한 힘입니다.

(숫타니파타)

130.

마음의 고요함은 어떤 어려움 속에서도 흔들리지 않는 굳건한 지혜의 근원이 되며, 올바른 판단을 돕습니다.

(사분율)

131.

내가 긍정적이고 따스한 마음을 품을 때, 그 영향은 자연스럽게 관계에도 스며들어 더 나은 방향으로 변화하게 될 것입니다. 모든 관계의 근원은 바로 나 자신에게 있다는 사실을 깨닫고, 자비와 책임감을 가지고 살아가야 합니다.

(본생경)

132.

고통은 우리에게 삶의 소중함을 다시 한번 일깨워주는 중요한 경험이 됩니다.

(별역잡아함경)

133.

자신의 삶을 다른 사람이 아닌, 스스로 주도적으로 이끌어가는 용기를 가져야 합니다.

(잡아함경)

134.

마음의 평화는 세상에서 가장 위대한 선물이며, 그 누구의 도움 없이 스스로에게 줄 수 있는 값진 것입니다.

(증일아함경)

135.

모든 관계는 나 자신이 만든 것이니, 다른 사람에게 변화를 바라기보다 내가 먼저 변화하려고 노력해야 합니다.

(본생경)

136.

고통은 우리를 더 큰 사랑을 가진 사람으로 만들어주는 귀한 경험입니다.

(별역잡아함경)

137.

진정한 성장은 단순히 외적인 변화나 형식적인 성과에 그치지 않으며, 내면 깊은 곳에서부터 일어나는 자기 성찰과 깨달음에서 비롯됩니다. 마음속에 자리한 탐욕, 분노, 무지를 내려놓고 스스로의 본성을 밝게 비출 때 우리는 비로소 진정한 변화를 경험할 수 있습니다.

(비나야율)

138.

우리가 끝없이 채우려는 욕망은 아무리 마셔도 갈증을 느끼는 바닷물과 같으므로, 현재에 만족하는 법을 배워야 합니다.

(우다나)

139.

다른 사람에게 덕을 베푸는 따뜻하고 선한 실천은 언젠가 반드시 자신에게 좋은 결실로 돌아옵니다.

(법구경)

140.

모든 것에 대한 헛된 집착으로부터 완전히 자유로워질 때, 우리는 아무것도 소유하지 않아도 가볍고 홀가분한 진정한 자유를 얻게 됩니다.

(우다나)

141.

자신에게 정직하고, 옳다고 믿는 일을 행하는 것이 가장 큰 덕목이자 지혜입니다.

(사분율)

142.

마음은 진실을 똑바로 바라보지 않으려는 순간, 스스로를 속이는 거짓된 그림자와 환상을 만들어내게 됩니다.

(본생경)

143.

포기하고 싶은 상황을 외면하거나 무조건 피하려고만 하지 말고, 그 고통을 있는 그대로 담담하게 마주하는 용기가 고통을 극복하는 시작입니다.

(증일아함경)

144.

서로 돕고 나누는 마음이 진정한 행복을 가져오며, 이 세상에 밝은 빛을 더해줍니다.

(이티붓타카)

145.

자신의 마음을 잘 단속하고 관리하는 것이야말로 번뇌에서 벗어나 해탈로 나아가는 가장 중요한 길입니다.

(법구경)

146.

마음은 세상을 창조하는 힘을 가진 위대한 예술가와 같습니다. 마음은 우리 삶의 본질과 방향을 결정짓는 가장 중요한 역할을 합니다.

(우다나)

147.

우리가 맺는 세상의 모든 인연은 우연히 이루어진 것이 아니며, 깊은 의미와 뜻이 담겨 있습니다.

(숫타니파타)

148.

고통은 마음의 어두운 그림자와 같아서, 마음이 밝아지면 그림자도 자연스럽게 사라집니다.

(사분율)

149.

매일 눈에 띄지 않더라도, 아주 작은 발걸음을 꾸준히 내딛는 것이 중요합니다. 우리가 추구하는 진정한 발전은 한순간의 큰 변화에서 오는 것이 아니라, 매일 쌓이는 작은 노력들이 만들어내는 위대한 결과입니다.

(우다나)

150.

마음이 깨끗하고 맑은 사람은 세상을 바라볼 때 모든 것을 깨끗하고 아름다운 눈으로 볼 수 있습니다.

(법구경)

3. 삶의 고통과 극복

부처님은 고통을 단순히 피해야 할 대상이 아닌, 삶의 일부로 받아들이고 그 안에서 지혜를 얻어야 한다고 가르치셨습니다. 고통은 우리를 더 지혜롭고 현명하게 만들어주는 스승과 같습니다. 고통의 근원이 마음이 만들어낸 환상임을 깨달을 때, 우리는 고통으로부터 자유로워질 수 있습니다.

고통은 영원하지 않으며, 이를 통해 인내와 용기를 배우고 더 성숙한 존재로 나아갈 수 있습니다. 고통을 극복하는 것은 결국 외부의 도움이 아닌, 오직 우리 자신의 몫입니다.

151.

자비로운 말과 행동은 세상의 모든 장벽을 무너뜨릴 수 있는 가장 강력한 힘을 가지고 있습니다.

(우다나)

152.

고통이라는 복잡한 미로에서 벗어날 수 있는 유일한 출구는 외부의 도움을 통해서가 아니라, 오직 우리 자신만이 찾을 수 있습니다.

(비나야율)

153.

우리의 마음은 그 누구에게도 의지하지 않고 스스로를 제어할 수 있는 유일한 주인이므로, 항상 깨어있는 상태를 유지해야 합니다.

(잡아함경)

154.

자신의 마음과 감정을 완벽하게 다스릴 수 있는 사람은 어떤 상황에서도 평온함을 잃지 않고 굳건한 모습을 유지할 수 있습니다.

(이티붓타카)

155.

진정한 친구는 나의 단점을 솔직하게 지적해주고, 내가 더 좋은 사람이 되도록 돕는 사람입니다.

(증일아함경)

156.

고통받는 모든 존재에게 자비심을 베푸는 것은 곧, 나 자신의 고통을 치유하는 가장 좋은 방법입니다.

(법구경)

157.

진정한 성장은 우리 자신의 한계를 뛰어넘고 더 큰 가능성을 여는 것입니다.

(숫타니파타)

158.

진정한 지혜는 수많은 책을 읽거나 많은 지식을 쌓는 것에 있는 것이 아니라, 흔들림 없는 마음의 평온함에 있습니다.

(증일아함경)

159.

다른 사람의 마음을 헤아리고 공감하는 능력이 모든 관계를 시작하고 유지하는 가장 중요한 핵심입니다.

(사분율)

160.

모든 고통은 우리의 어리석고 헛된 생각에서 비롯된 것이니, 생각을 다스려야 합니다.

(잡아함경)

161.

스스로에게 솔직해지고, 자신의 약점과 부족한 점을 숨기지 않고 인정하는 것이야말로 진정한 성장을 위한 첫걸음입니다.

(이티붓타카)

162.

마음속의 분노는 나를 서서히 죽이는 독과 같으니, 그 독을 자비로운 마음으로 다스려야 합니다.

(잡아함경)

163.

고통은 우리를 더 용감하고 담대한 사람으로 만들어 줍니다.

(이티붓타카)

164.

지혜로운 사람은 자신의 의견만 주장하지 않고, 타인의 이야기를 통해 배우며 성장하므로 겸손과 경청은 진정한 지혜의 터전이 됩니다.

(별역잡아함경)

165.

꾸준하고 지속적인 노력은 어떤 타고난 재능보다 더 위대한 힘을 가지고 있습니다.

(잡아함경)

166.

탐욕과 성냄, 어리석음을 극복하는 것은 수행의 핵심이며, 그 결과로 얻는 평온은 모든 고통과 혼란을 넘어서게 합니다.

(사분율)

167.

우리는 마음이 만들어낸 환상에 스스로 얽매여 고통을 경험하게 됩니다. 하지만 마음의 작용을 명확히 이해하고 깨닫는다면, 그 고통은 더 이상 우리를 괴롭힐 수 없게 됩니다. 모든 고통이 마음에 의해 생성된다는 사실을 깨닫는 순간, 우리는 그 속박으로부터 자유로워질 수 있습니다.

(숫타니파타)

168.

자신에 대한 흔들림 없는 믿음과 어떤 어려움에도 굴하지 않는 마음은, 위대한 변화를 이루는 근본적인 힘입니다.

(법구경)

169.

목표를 이루고자 하는 불타는 열정은 우리 앞에 놓인 어떠한 시련이나 걸림돌도 넘어설 수 있는 용기와 힘을 선사합니다.

(우다나)

170.

마음의 평화는 다른 누구도 대신 줄 수 없는 소중한 것이며, 그것은 오직 자신의 내면에서 비롯됩니다. 외부의 어떤 도움이나 조건에 의존하지 않고, 스스로 깨달음을 얻고 마음을 다스릴 때 비로소 진정한 평화와 행복에 이를 수 있습니다.

(별역잡아함경)

171.

다른 사람을 진심으로 위하고 돕는 마음이 바로 이 세상을 밝히는 보살행의 시작입니다.

(우다나)

172.

어떤 고난의 상황 속에서도 절대 희망을 잃지 않고 굳건히 앞으로 나아가는 마음은, 이 세상에서 가장 강력한 보물입니다.

(잡아함경)

173.

끊임없는 배움은 우리의 마음을 열고 세계를 넓게 바라볼 수 있는 안목을 키우며, 변화하는 상황 속에서 유연하게 대응할 수 있는 힘을 줍니다. 배우기를 멈추지 않고 노력하는 한, 우리는 성장할 수 있는 가능성을 지속적으로 키워나갈 수 있을 것입니다.

(우다나)

174.

마음이 고요해지고 평온해지면, 외부에서 들려오는 모든 소란과 잡음이 마치 존재하지 않는 것처럼 잠잠해집니다.

(비나야율)

175.

우리가 맺는 모든 관계는 내가 만든 업보의 결과이므로, 모든 관계를 소중히 여겨야 합니다.

(증일아함경)

176.

고통은 피할 수 없는 우리 삶의 일부이지만, 그 역경의 상황에 대해 마음이 어떻게 반응할지는 스스로 선택할 수 있는 문제입니다.

(이티붓타카)

177.

성장은 고통을 동반하지만, 그 고통을 이겨내면 우리는 이전보다 훨씬 더 강해집니다.

(비나야율)

178.

항상 자신의 마음을 잘 지켜야 합니다. 왜냐하면 모든 좋은 생각과 바른 생활은 마음에서 시작되기 때문입니다.

(법구경)

179.

서로의 부족함을 인정하고 진실된 대화와 공감을 통해 관계를 쌓아나갈 때, 비로소 진정한 유대와 사랑이 싹트게 됩니다. 겉모습이나 이득에 얽매이지 않고 순수한 마음으로 이어진 관계야말로 삶 속에서 가장 값지고 소중한 인연이라 할 수 있습니다.

(본생경)

180.

다른 사람의 단점보다는 장점을 찾으려 노력하면, 관계는 더욱 풍요롭고 의미 있게 됩니다.

(이티붓타카)

181.

세상 사람들의 칭찬이나 비난에 쉽게 흔들리지 말고, 오직 자신이 옳다고 믿는 길을 묵묵하고 굳건하게 걸어가십시오.

(별역잡아함경)

182.

삶에서 마주하는 어려움과 시련은 피할 수 없는 것이지만, 그 고통이 영원하지 않음을 기억하는 것이 중요합니다. 시간이 지나면서 고통의 강도는 줄어들고, 우리는 그 경험을 통해 성장하게 됩니다.

(우다나)

183.

마음은 끊임없이 움직이는 물과 같지만, 고요히 바라보는 연습을 하다 보면 그 본래의 맑고 깨끗한 모습을 찾을 수 있습니다.

(본생경)

184.

고통은 우리에게 삶의 모든 것이 덧없음을 깊이 깨닫게 해주는 중요한 가르침입니다.

(별역잡아함경)

185.

하루하루의 작은 실천과 꾸준한 인내는 마치 물방울이 끊임없이 떨어져 단단한 돌을 뚫는 것처럼, 우리 삶에 깊고 중요한 흔적을 남깁니다.

(이티붓타카)

186.

마음이 흔들리지 않는 사람은 마치 큰 바위가 어떤 폭풍에도 굳건히 서 있는 것처럼, 삶의 어떤 시련에도 굳건합니다.

(우다나)

187.

부드러운 말 한마디가 천 냥의 빚을 갚을 만큼 큰 힘을 가지고 있으니, 항상 듣기 좋고 따뜻한 말을 해야 합니다.

(우다나)

188.

우리가 겪는 고통은 결코 영원하지 않으며, 이 세상의 모든 것은 잠시 머물다 지나가는 것임을 항상 마음속에 깊이 새겨야 합니다.

(별역잡아함경)

189.

자신의 꿈을 위해 노력하는 과정은 이 세상에서 가장 아름다운 순간입니다.

(법구경)

190.

남을 탓하기 전에 먼저 자신의 마음을 돌아보는 것이 곧, 진리를 향해 나아가는 가장 빠르고 올바른 길입니다.

(비나야율)

191.

아픔은 인간 존재의 불가피한 부분으로, 우리가 겪는 어려움과 시련은 종종 삶의 깊은 의미를 찾는 계기가 됩니다. 이러한 경험을 통해 우리는 자신의 내면을 돌아보고, 진정으로 중요한 것이 무엇인지, 어떤 가치가 우리에게 진정한 행복을 가져다주는지를 깨닫게 됩니다. 결국 아픔은 단순히 힘든 순간이 아니라, 성장과 변화를 위한 소중한 기회로 볼 수 있습니다.

(비나야율)

192.

모든 관계의 시작은 거짓 없는 진실한 마음에서 비롯되며, 진실함이 없는 관계는 오래가지 못하고 무너지게 됩니다.

(증일아함경)

193.

다른 사람을 사랑하는 자애로운 마음은 내 마음을 더욱 따뜻하게 하고, 나 자신을 성장시킵니다.

(이티붓타카)

194.

외부 환경은 언제나 변하고 불확실하며, 그런 조건들로 인해 생겨나는 행복은 금세 사라지기 마련입니다. 참된 행복은 외부 상황이나 조건에 흔들리지 않고, 내면의 평온함과 안정감에서 나오는 것입니다.

(숫타니파타)

195.

괴로움을 두려워하지 말고, 그 아픔 속에서 배움과 지혜를 찾아내야 합니다.

(사분율)

196.

고난은 마음속의 불순물을 태워 없애는 불과 같아서, 마음을 더 깨끗하게 정화시켜줍니다.

(법구경)

197.

모든 위대하고 훌륭한 업적이 단숨에 이루어지지 않습니다. 작은 노력들이 매일마다 지속적으로 쌓여야 진정한 성과가 이루어집니다.

(증일아함경)

198.

마음은 항상 깨어있어야 하며, 찰나의 순간도 놓치지 않고 지금 이 순간에 집중해야 합니다.

(잡아함경)

199.

진정한 관계는 서로의 약점과 단점을 감싸주고, 서로의 장점을 진심으로 칭찬하는 것입니다.

(숫타니파타)

200.

고통 속에서 오히려 배움을 얻고, 그것을 통해 더욱 단단하게 성장하는 것이야말로 진정한 수행자가 걸어가야 할 올바른 길입니다.

(비나야율)

201.

어떤 일이든 서두르거나 조급해하지 않고, 묵묵히 자신의 길을 걸어갈 때 비로소 원하는 결실을 맺을 수 있습니다.

(별역잡아함경)

202.

우리 마음의 본래 모습과 본질을 깨닫는 것이, 바로 부처님의 가르침인 불법의 가장 중요한 핵심입니다.

(법구경)

203.

마음속 깊이 자리한 집착은 우리의 자유를 제한하고 고통의 원인이 됩니다. 자비를 실천하고 집착으로부터 벗어나면, 우리 마음은 더욱 고요해지고 풍요로워질 것입니다.

(잡아함경)

204.

고통은 우리를 더 깊이 성찰하게 만들고, 자신을 돌아보는 계기가 됩니다.

(본생경)

205.

위대한 성과는 어느 날 갑자기 이루어지는 것이 아니라, 끊임없이 반복된 일상의 작은 실천들이 모여 완성되는 것입니다.

(별역잡아함경)

206.

우리의 마음은 세상의 모든 것을 만들어내는 위대한 화가와 같아서, 마음을 바꾸는 순간 세상도 완전히 다르게 보이기 시작합니다.

(증일아함경)

207.

모든 관계에서 감사하는 마음을 잃지 않으면, 행복은 저절로 찾아와 우리 곁에 머물게 됩니다.

(별역잡아함경)

208.

우리의 마음은 욕망의 노예가 되어서는 안 되며, 자신의 삶을 주도적으로 이끌어가는 주인이 되어야 합니다.

(본생경)

209.

집착을 버리면 우리는 마음의 평온과 자유를 얻게 되고, 세상의 모든 것에 무심함이 아닌 균형 잡힌 마음으로 임할 수 있게 됩니다. 집착으로부터 자유로워질 때 진정한 행복을 경험할 수 있음을 일깨워줍니다.

(이티붓타카)

210.

진실한 말은 비록 잠시 쓰게 느껴지더라도 나에게 약이 되지만, 아첨하는 말은 달콤해도 결국 독이 됩니다.

(사분율)

211.

모든 것은 마음이 만들어내는 것이니, 항상 긍정적이고 밝은 마음을 가져야 합니다.

(증일아함경)

212.

삶에서 진정한 마음의 평화를 얻으려면 외부 상황을 바꿀 노력보다 먼저 자신의 내면을 변화시키는 데 힘써야 합니다. 내적인 고요함과 평온을 통해 우리는 외부의 혼란 속에서도 자유로움을 느끼고, 삶을 더욱 지혜롭고 의연하게 살아갈 수 있습니다.

(본생경)

213.

다른 사람에게 따뜻한 미소 짓는 것만으로도, 세상은 더 밝고 따뜻한 곳으로 변하게 됩니다.

(비나야율)

214.

고통을 무조건 피하려고만 하지 말고, 있는 그대로 담담하게 받아들이는 용기가 필요합니다.

(우다나)

215.

우리의 일상 속에 자리 잡은 소소한 습관과 반복된 노력은 처음에는 그 중요성이 크게 느껴지지 않을 수 있습니다. 하지만 매일같이 실천하며 그 노력을 지속하다 보면, 이것이 결국 거대한 변화와 성취를 이루는 밑바탕이 됩니다.

(본생경)

216.

자신의 마음을 깊이 성찰하고 반성하는 것이야말로 남에게 베푸는 것보다 더 진정한 보시입니다.

(사분율)

217.

진정한 친구는 내가 잘못된 길로 가고 있을 때, 바른길을 알려주는 용기 있는 사람입니다.

(사분율)

218.

내면의 지혜란 삶의 진리를 깨닫고, 모든 것은 변하며 집착과 욕망으로부터 고통이 생겨난다는 것을 통찰하는 데서 나옵니다. 이러한 통찰은 우리가 겪는 고통을 초월하고, 끝없는 평온과 자유에 이를 수 있는 능력을 키워줍니다.

(법구경)

219.

자신이 세운 목표를 위해 끊임없이 노력하고 정진하는 것이야말로 진정한 보살이 갖추어야 할 겸손하고 올바른 자세입니다.

(비나야율)

220.

마음이 흔들리는 것은 마치 바람에 심하게 흔들리는 촛불과 같으니, 마음을 고요히 다스려 흔들리지 않는 법을 익혀야 합니다.

(사분율)

221.

겸손함은 자신의 한계를 인정하고 타인의 의견을 존중하는 태도를 말하며, 이는 서로의 이해를 깊게 하고 소통을 원활하게 만듭니다. 이렇게 함으로써 우리는 더 나은 관계를 형성하고, 지혜로운 결정을 내릴 수 있는 기반을 다질 수 있습니다.

(잡아함경)

222.

고통은 우리를 더 성숙하고 지혜로운 사람으로 만들어주는 귀한 기회입니다.

(별역잡아함경)

223.

목표를 향해 나아가되, 목표를 이루는 과정 자체를 즐기며 행복을 느껴야 합니다.

(법구경)

224.

외부 세계의 변화는 늘 예측할 수 없고 불안정하지만, 자신의 마음은 온전히 자신이 선택하고 통제할 수 있습니다. 따라서 진정한 평화는 외부적 요건에 의존하지 않고, 내면의 안정과 깨달음에서 비롯됩니다.

(사분율)

225.

모든 관계는 소중한 인연의 결실이니, 그 인연을 귀하게 여기고 정성껏 가꾸어 나가야 합니다.

(잡아함경)

4. 목표와 성장의 길

우리가 쏟는 모든 노력은 결코 헛되지 않습니다. 위대한 성과는 한순간의 재능이 아닌 꾸준한 노력과 인내가 쌓여 이루어집니다. 매일의 작은 실천이 결국 놀라운 결과를 만들어내며, 목표를 향해 나아가는 과정 자체가 가장 의미 있는 행복을 선사합니다.

진정한 성장은 남과 비교하는 것이 아닌, 어제의 나를 넘어서는 데서 비롯됩니다. 불타는 열정은 모든 어려움을 이겨내는 힘이 되며, 흔들리지 않는 굳건한 믿음은 위대한 변화를 이루는 근본적인 힘입니다.

226.

고통은 우리에게 진정한 마음의 평화를 찾도록 이끌어 주는 안내자 역할을 합니다.

(사분율)

227.

자신의 목표를 위해 노력하는 과정은 이 세상에서 가장 의미 있는 삶입니다. 이는 결과가 아닌 과정을 중시하며, 그 자체로 우리에게 깊은 만족과 행복을 선사합니다.

(별역잡아함경)

228.

다른 사람의 허물을 덮어주고, 칭찬을 아끼지 않는 넓은 마음이 진정한 우정을 만듭니다.

(이티붓타카)

229.

모든 관계는 나 자신의 마음을 비추는 반영이며, 내가 변하면 관계도 자연스럽게 변하게 됩니다.

(별역잡아함경)

230.

순간의 작은 노력은 무의미하게 느껴질 수 있지만, 그것이 쌓이고 지속될 때 비로소 놀라운 결과를 만들어냅니다. 우리가 품고 있는 지향이나 목표가 아무리 멀어 보여도, 매일 조금씩 걸음을 옮기고 최선을 다하는 순간, 그 목표는 점점 더 가까워질 것입니다.

(법구경)

231.

고통 속에서도 자비로운 마음을 잃지 않고 다른 사람을 도우려 노력해야 합니다.

(비나야율)

232.

다른 사람을 기쁘게 하는 따뜻한 말 한마디는, 천 개의 등불을 밝히는 것과 같이 세상을 환하게 만듭니다.

(법구경)

233.

마음이 고통의 근본 원인을 직시하고 긍정과 지혜로 전환되는 순간, 그 고통은 연기처럼 흩어지고 평온이 찾아옵니다. 그러므로 삶에서 고통이 다가왔을 때 그것에 휘둘리기보다는, 자신의 내면을 들여다보고 마음의 방향을 새롭게 정립하는 지혜를 갖는 것이 중요합니다.

(이티붓타카)

234.

고통은 우리가 과거의 업보를 갚고 새로운 삶을 시작하는 과정입니다.

(본생경)

心爲法本 心尊心使
中心念惡 卽言卽行
罪苦自追 車轢於轍

235.

헛된 명예를 쫓기보다는 진실된 실력을 쌓는 것이 훨씬 더 중요하고 값진 일입니다.

(잡아함경)

236.

자신의 마음을 온전히 다스리지 못하는 사람은, 아무리 많은 재산을 가지고 있어도 진정한 의미에서 부유하다고 할 수 없습니다.

(우다나)

237.

과거는 이미 지나갔고, 아직 오지 않은 미래에 대해 걱정하지 말고, 오직 현재의 노력만이 중요함을 잊지 마십시오.

(숫타니파타)

心爲法本 心尊心使,
中心念惡 卽言卽行,
罪苦自追 車轢於轍.

238.

모든 관계는 내가 어떤 마음으로 생각하고 행동하느냐에 따라 전혀 다른 모습으로 변화합니다.

(별역잡아함경)

239.

용기를 내어 그 고통을 정면으로 마주하고 받아들일 때, 우리는 고통의 본질을 이해하고 그것을 극복할 길을 찾게 됩니다. 고통은 우리가 직면하지 않을 때 더 큰 두려움이 되지만, 이를 있는 그대로 바라보고 수용하게 되면 그것은 우리의 내적 성장을 돕는 스승이 됩니다. 용기로써 고통에 다가가고 그 안에서 배우고자 할 때, 우리는 그것이 점차 힘을 잃고 사라지는 것, 그리고 그 뒤에 숨어 있던 새로운 깨달음을 발견할 수 있습니다.

(증일아함경)

240.

마음이 깨끗하게 정화되면, 세상의 어떤 더러운 환경이나 상황도 나를 더럽힐 수 없습니다.

(숫타니파타)

心爲法本 心尊心使,
中心念惡 卽言卽行,
罪苦自追 車轢於轍.

241.

다른 사람의 불행을 보고 기뻐하는 마음은 세상에서 가장 어리석고 나쁜 마음입니다.

(증일아함경)

242.

고통은 우리 존재의 연약함을 깨닫게 하고, 진정으로 다른 사람의 아픔을 이해하는 마음을 키워줍니다. 고통을 겪는 사람은 비로소 공감의 능력이 생겨나고, 타인의 고통을 자신의 것처럼 느끼는 자비로운 마음을 갖게 됩니다.

(우다나)

243.

진정한 성공은 외적인 성취나 명예에 있는 것이 아니라, 내면의 깊은 평화와 깨달음에 있습니다.

(비나야율)

心爲法本 心尊心使、
中心念惡 卽言卽行、
罪苦自追 車轢於轍、

244.

마음속에 있는 온갖 번뇌를 완전히 끊어내는 것만이 해탈의 문을 열고 자유를 찾는 유일한 방법입니다.

(잡아함경)

245.

진실된 말은 그 안에 진정성과 신뢰를 담고 있어 듣는 사람의 마음을 움직이고 관계를 더욱 깊고 견고하게 만듭니다. 진실은 때로는 불편할 수 있지만, 결국 세상을 밝히는 등불과도 같아 많은 이들에게 믿음과 용기를 줍니다.

(사분율)

246.

고통을 두려워하지 말고, 그 고통 속에서 마음의 평화를 찾는 노력을 해야 합니다.

(잡아함경)

心爲法本 心尊心使,
中心念惡 卽言卽行,
罪苦自追 車轢於轍.

247.

작고 사소한 선행이라도 소홀히 여기지 마십시오. 그것이 하나둘 쌓여 언젠가 위대하고 거대한 결과를 낳게 됩니다.

(우다나)

248.

마음은 욕망, 집착, 두려움과 같은 감정을 만들어내며 스스로를 고통에 빠뜨립니다. 그러나 우리가 마음의 본질을 깨닫고 그것을 올바르게 다스릴 수 있다면, 더 이상 외부 조건에 흔들리지 않게 되고 진정한 자유와 평온을 경험하게 됩니다.

(별역잡아함경)

249.

다른 사람의 마음을 얻으려면, 먼저 계산하지 않는 진심으로 그에게 다가가야 합니다.

(비나야율)

心爲法本 心尊心使。
中心念惡 卽言卽行，
罪苦自追 車轢於轍。

250.

마음이 맑고 깨끗해지면, 아무리 큰 고통도 더 이상 우리를 괴롭히지 못합니다.

(숫타니파타)

251.

지혜로운 사람은 항상 겸손한 자세로 다른 사람에게 배우려 노력하지만, 어리석은 사람은 항상 다른 사람을 가르치려고만 합니다.

(본생경)

252.

마음이 흔들리지 않는 사람은, 어떤 장애물이 앞을 가로막아도 그 장애물이 더 이상 장애물이 되지 않습니다.

(증일아함경)

心爲法本 心尊心使,
中心念惡 即言即行,
罪苦自追 車轢於轍.

253.

고통의 근원을 정확하게 알게 되면, 우리는 그 고통으로부터 자유로워질 수 있습니다.

(이티붓타카)

254.

위대하고 큰 목표를 이루기 위해서는 평범한 노력과 헌신만으로는 부족하며, 다른 사람들이 하지 않는 남다른 노력과 뜨거운 열정이 반드시 필요합니다.

(우다나)

255.

모든 고통은 과거의 업보와 인과응보의 결과이므로, 지금부터라도 선업을 쌓으면 고통에서 벗어날 수 있습니다.

(증일아함경)

心爲法本 心尊心使,
中心念惡 卽言卽行,
罪苦自追 車轢於轍.

256.

다른 사람을 이해하려 노력하면, 관계 속에 쌓여있던 모든 오해와 벽이 허물어집니다.

(법구경)

257.

고통은 단순히 우리의 몸과 마음을 괴롭히는 것이 아니라, 그 속에 삶의 진리를 품고 있는 깊은 의미를 가진 존재입니다. 그것은 우리가 눈을 뜨고 현실을 분명히 바라보게 하며, 삶의 본질을 깨닫게 해주는 가장 확실한 방법입니다. 삶은 항상 기쁨과 슬픔, 행복과 괴로움이 교차하며 진행되지만, 고통은 이러한 순환 속에서 특히 강렬한 깨달음을 우리에게 선사합니다.

(이티붓타카)

258.

자신에게 주어진 모든 순간을 소중히 여기고, 의미 있는 일에 사용하려는 노력을 해야 합니다.

(이티붓타카)

心爲法本 心尊心使.
中心念惡 卽言卽行.
罪苦自追 車轢于轍.

259.

마음이 어떤 것에도 흔들리지 않는 굳건함을 갖게 되면, 그 어떤 고통도 우리를 흔들 수 없습니다.

(숫타니파타)

260.

매일 꾸준히 단 한 걸음씩이라도 나아가는 것이, 위대하고 거대한 목표를 결국 이루어낼 수 있는 가장 확실하고 유일한 방법입니다.

(비나야율)

261.

마음은 온갖 생각들을 만들어내는 창조자이며, 우리는 그 생각에 따라서 행동하고 삶을 살아갑니다.

(별역잡아함경)

心爲法本 心尊心使，
中心念惡 卽言卽行，
罪苦自追 車轢於轍，

262.

모든 관계는 인연의 끈으로 단단히 연결되어 있으니, 그 끈을 소중히 생각하고 아끼고 보살펴야 합니다.

(잡아함경)

263.

우리가 삶에서 겪게 되는 고통은 마치 흐르는 강물처럼 결코 영원히 고정되어 있지 않습니다. 이 세상의 모든 존재와 일들은 순간적으로 머물다 다시 흘러가는 성질을 지니고 있음에 따라, 고통 또한 시간 속에서 사라질 운명을 갖고 있습니다.

(잡아함경)

264.

실패를 두려워하지 마십시오. 실패는 성공이라는 목표를 향해 가는 길에서 만나는 한 단계일 뿐입니다.

(사분율)

心爲法本 心尊心使,
中心念惡 即言即行,
罪苦自追 車轢於轍.

265.

진정한 목표는 오직 나 자신만을 위한 것이 아니라, 세상의 모든 존재를 이롭게 하는 것이어야 합니다.

(별역잡아함경)

266.

어려움에 직면했을 때 우리는 쉽게 좌절하거나 벗어나고 싶어 하지만, 고통을 마주하고 받아들이는 과정에서 우리는 인내라는 덕목의 진정한 의미를 깨닫게 됩니다. 인내심은 단순히 고통을 참아내는 데 그치지 않고, 끊임없이 삶을 향해 나아가는 힘이 되어줍니다.

(잡아함경)

267.

고통은 우리에게 더 큰 지혜와 깨달음을 가져다주는 선물과 같습니다.

(우다나)

心爲法本 心尊心使,
中心念惡 卽言卽行,
罪苦自追 車轢於轍.

268.

우리가 쏟아부은 모든 노력은 결코 헛되지 않으며, 언젠가 반드시 그에 합당한 보상을 받게 됩니다.

(잡아함경)

269.

마음의 평화는 자신에게 주는 가장 큰 선물이며, 그 선물은 우리의 삶을 풍요롭고 조화롭게 만드는 근원이 됩니다. 마음을 살피고 가꾸는 일이야말로 삶을 아름답게 하는 첫걸음인 것입니다.

(우다나)

270.

고통이 없는 삶을 바라는 것 자체가 또 다른 고통이 될 수 있음을 알아야 합니다.

(증일아함경)

心爲法本 心尊心使,
中心念惡 即言即行,
罪苦自追 車轢於轍.

271.

진정한 지혜는 많은 책을 읽는 것만으로 얻는 것이 아니라, 삶의 모든 경험을 통해 얻는 것입니다.

(숫타니파타)

272.

관계의 문제를 해결하는 첫걸음은 나 자신의 성찰과 변화에서 시작됩니다. 내가 먼저 배려와 이해를 실천하고 긍정적인 태도로 다가간다면, 자연스레 상대방도 변화하게 될 가능성이 높습니다. 상대를 탓하기보다는 내 마음과 행동을 정화하고 개선하려는 의지가 행복한 관계를 만드는 열쇠입니다.

(이티붓타카)

273.

고통의 근본적인 원인을 정확하게 찾아내고 그것을 완전히 제거하는 것이 바로 진정한 해탈의 길입니다.

(별역잡아함경)

心爲法本 心尊心使.
中心念惡 卽言卽行.
罪苦自追 車轢於轍.

274.

어떤 어려움 속에서도 절대 포기하지 않는 마음이야말로 위대한 목표를 이루게 하는 힘입니다.

(우다나)

275.

자신의 마음을 다스리는 것이야말로 모든 고통에서 벗어날 수 있는 가장 확실하며 필연적인 길입니다. 마음을 바로잡고 훈련하며 평정심과 지혜를 키워 나가는 것이야말로 우리가 진정으로 해탈에 이를 수 있는 방법입니다.

(비나야율)

276.

다른 사람을 함부로 판단하지 마십시오. 당신은 그의 삶의 모든 것을 알지 못하기 때문입니다.

(비나야율)

心爲法本 心尊心使、
中心念惡 即言即行、
罪苦自追 車轢於轍。

277.

고통은 우리를 더 겸손하고 낮은 자세로 삶을 바라보게 만듭니다.

(숫타니파타)

278.

목표를 향한 불타는 열정은 우리 내면의 힘을 이끌어내어 어떠한 장애물도 극복할 수 있는 원동력을 제공합니다. 열정은 우리가 직면하는 어려움과 고난을 헤쳐 나갈 수 있게 돕고, 결국에는 원하는 목표에 도달할 수 있도록 인도합니다.

(이티붓타카)

279.

세상의 모든 일은 우리의 마음에서 비롯되고, 마음이 바뀌면 모든 일도 사라지거나 다르게 나타납니다.

(숫타니파타)

心爲法本 心尊心使。
中心念惡 卽言卽行、
罪苦自追 車轢於轍。

280.

좋은 말은 좋은 인연을 만들고, 좋지 않은 말은 좋지 않은 인연을 만듭니다.

(증일아함경)

281.

나 자신을 초월하고 성장시키는 데 집중할 때, 우리는 남과 비교하지 않아도 진정한 만족과 행복을 느낄 수 있습니다. 이러한 자기 성장의 여정을 통해 우리는 비로소 삶의 진정한 의미를 깨닫고 평온한 마음을 얻을 수 있을 것입니다.

(별역잡아함경)

282.

분노는 마치 걷잡을 수 없는 불과 같아서 나 자신을 먼저 태우고, 그 불길이 주변 사람들에게까지 옮겨붙어 모두를 힘들게 합니다.

(사분율)

心爲法本 心尊心使、
中心念惡 卽言卽行、
罪苦自追 車轢於轍、

283.

세상의 모든 존재는 서로에게 의지하며 살아가니, 모두를 존중하고 아껴야 합니다.

(우다나)

284.

고통은 우리가 더 나은 선택과 올바른 삶의 방향으로 나아가도록 이끄는 하나의 빛입니다. 이를 통해 우리는 고통을 단순히 피하거나 두려워해야 할 대상으로 여기기보다, 그것을 수용하고 배우는 과정으로 여겨야 할 것입니다.

(별역잡아함경)

285.

진정한 용기는 두려움이 전혀 없는 것이 아니라, 두려움을 느끼면서도 포기하지 않고 앞으로 나아가는 마음가짐입니다.

(사분율)

心爲法本 心尊心使,
中心念惡 卽言卽行,
罪苦自追 車轢于轍,

286.

과거의 어렵고 힘든 기억에 얽매여 주저앉지 말고, 오직 현재의 평온함을 찾아 평화롭게 살아가야 합니다.

(숫타니파타)

287.

내가 가진 작은 여유가 누군가에게는 커다란 위로와 희망이 될 수 있음을 깨닫고, 어려운 상황 속에서 서로가 서로에게 기대어 살아가는 세상의 가치를 되새겨야 합니다. 이러한 선행과 배려는 결국 모두에게 긍정적인 에너지를 순환시키며, 마음의 평온과 공동체의 화합을 이루는 길로 나아가게 합니다.

(별역잡아함경)

288.

마음속에 남아있는 작은 집착이라도, 그것이 어떤 것이든 언젠가는 고통을 불러오는 씨앗이 될 수 있음을 명심해야 합니다.

(이티붓타카)

心爲法本 心尊心使,
中心念惡 卽言卽行,
罪苦自追 車轢於轍.

289.

삶의 모든 고통은 영원히 지속되지 않고 반드시 끝이 있으므로, 절망하지 말고 희망을 가져야 합니다.

(우다나)

290.

집착을 버릴 때 우리의 마음은 텅 빈 상태로 머무는 것이 아니라, 오히려 더 풍성하게 채워지며 내면의 평화와 자유를 경험하는 문이 열립니다. 물질적 욕망이나 감정적 집착을 놓아야만 고요함과 자비, 그리고 지혜가 그 빈자리를 채우게 됩니다.

(별역잡아함경)

291.

자신의 마음을 다스려 어려움에서 벗어나는 길은, 오직 본인만 찾을 수 있으며, 다른 사람은 그저 길을 보여줄 뿐입니다.

(잡아함경)

心爲法本 心尊心使、
中心念惡 卽言卽行、
罪苦自追 車轢於轍、

292.

자기 자신을 깊이 들여다보고 아는 것이 가장 위대한 지혜이며, 자기 자신과의 싸움에서 이기는 것이 가장 위대한 승리입니다.

(잡아함경)

293.

우리의 마음이 고요하고 흔들림 없이 안정되었을 때, 외부에서 무슨 일이 일어나더라도 우리의 행복은 변하지 않고 지속될 수 있습니다. 이러한 마음의 평온은 자신을 깊이 살피고 수행하며 얻어지는 것이며, 행복의 본질은 결국 우리 내면에 있다는 깨달음을 통해 찾아올 수 있습니다.

(이티붓타카)

294.

모든 성공은 크고 거창한 시작이 아니라, 작고 소박한 시작에서 비롯됩니다.

(사분율)

心爲法本 心尊心使,
中心念惡 卽言卽行,
罪苦自追 車轢於轍.

295.

우리 마음을 괴롭히는 쓸데없는 생각에 휘둘리지 말고, 그러한 생각들을 받아들이되 감정적으로 반응하지 않는 습관이 중요합니다. 마음을 조용히 가라앉히고 생각의 흐름을 관찰하고 분석하는 습관을 기를 필요가 있습니다.

(비나야율)

296.

다른 사람을 돕는 용기있는 행동은 결국 나 자신을 돕는 일이 됩니다. 그러므로 우리는 항상 이웃을 향한 자비로운 마음을 품고, 그들의 어려움을 이해하며 도와주는 데 힘써야 합니다.

(사분율)

297.

마음이 맑고 깨끗하면 세상의 모든 것이 아름답고 빛나 보이지만, 마음이 흐리면 세상도 흐릿하고 어둡게 보입니다.

(별역잡아함경)

心爲法本 心尊心使,
中心念惡 卽言卽行,
罪苦自追 車轢於轍.

298.

악을 행하지 않고 선을 실천하며, 마음을 깨끗하게 유지하는 것이 모든 부처님들의 가르침입니다.

(법구경)

299.

누군가에게 도움을 줄 때 그 사람은 감사의 마음으로 보답하거나, 그 은혜를 다른 사람에게 전하는 선순환이 일어날 수 있습니다. 작은 친절이 쌓여 큰 변화를 이루는 과정을 통해 우리는 서로를 지지하고, 나아가 더 나은 사회를 만드는 데 기여하게 됩니다.

(별역잡아함경)

300.

그 어떤 방해에도 흔들리지 않는 굳건하고 명확한 목표를 세우고, 그 목표를 향해 묵묵히 꾸준하게 나아가야 합니다.

(숫타니파타)

心爲法本 心尊心使,
中心念惡 卽言卽行,
罪苦自追 車轢於轍.

***** 엮은이 조경민**

책으로 이어진 세상이 좋아 서점에서 지내며, 자신의 손을 거쳐 간 수백만 권의 책들에 담긴 영혼에 항상 감사하고 있다.

출판사를 함께하면서 이상과 현실 사이의 여러 길 중 그나마 나은 길을 찾으며, 출판 기획과 문화 기획을 진행하고, 여러 글을 쓰며 몇 권의 책을 내었다.

마음을 다스리는 부처님의 지혜 300가지

– 부처님 말씀 필사하기

정가 19,000원

저 자 조경민
펴낸이 조준형
표지 및 편집 송영미

2025년 9월 30일 초판 1쇄 발행

펴낸곳 도서출판 스토리팜 storyfarm book
주소 부산광역시 중구 해관로 41-1. 2층(중앙동 2가)
전화 051) 253-0001 팩스 051) 245-1187
등록 제 2011-000004호 www.storyfarmbook.com

도서출판 스토리팜에서는 여러분의 소중한 원고와 함께 할 기회를 기다리고 있습니다. 책으로 엮을 원고나 아이디어가 있으신 분들은 이메일 munbookcokr@naver.com으로 책에 대한 간단한 개요와 원고 전체 또는 일부를 연락처와 함께 보내주십시오.

ISBN 979-11-89951-32-0

※ 도서출판 스토리팜은 해광출판사의 단행본 임프린트 출판사입니다. ⓣ